Nudo

Γυμνή

Italiano-Greco

Libro illustrato bilingue per bambini

Richard Carlson

Suzanne Carlson

I miei due fratelli minori, Michael e Steven, ed io stavamo lottando in un'enorme, densa e profonda pozzanghera di fango nel nostro cortile. Poi, è arrivata l'ora di cena.

La mamma è entrata nel cortile sul retro e ha detto: "Spogliatevi che vi lavo".

Μαζί με τα δύο μικρότερα αδέρφια μου, τον Μάικλ και τον Στίβεν, παλεύαμε σε μια τεράστια και βαθιά λακκούβα με παχιά λάσπη στην αυλή μας. Έπειτα, ήρθε η ώρα για το δείπνο.

Η μαμά μπήκε στην αυλή και είπε: «Βγάλτε τα ρούχα σας και θα σας πλύνω με το λάστιχο».

Michael e Steven si sono tolti tutti i vestiti, ma io ho lasciato le mutande.

"Togliti le mutande", ha detto la mamma.

Ο Μάικλ και ο Στίβεν έβγαλαν όλα τα ρούχα τους, αλλά εγώ έμεινα με το εσώρουχό μου.

«Βγάλε το εσώρουχό σου», είπε η μαμά.

Mi è venuto un nodo in gola. Sarah, una ragazza della mia età, abitava nella casa accanto.

Sarebbe stato già abbastanza brutto per una ragazza vedermi in mutande, figuriamoci vedermi nudo. Sentivo il cuore che mi batteva in gola.

Σ Σφίχτηκε κόμπος το στομάχι μου. Η Σάρα, ένα κορίτσι στην ηλικία μου, έμενε δίπλα.

Θα ήταν αρκετά άσχημο για μια κοπέλα να με δει μόνο με το εσώρουχό μου, πόσο μάλλον να με δει γυμνή. Ένιωσα την καρδιά μου να χτυπάει ανεξέλεγκτα.

"Non voglio", risposi, accigliato e indicando la casa accanto alla nostra. "Sarah potrebbe vedermi nudo".

«Δεν θέλω», απάντησα συνοφρυωμένη και έδειξα το διπλανό σπίτι. «Η Σάρα μπορεί να με δει γυμνή».

"Va bene, puoi lasciartele addosso", ha risposto la mamma con un grande sorriso. Ho sentito il mio stomaco nervoso e tremante tornare alla normalità.

«Εντάξει, μην το βγάλεις», απάντησε η μαμά με ένα μεγάλο χαμόγελο. Ένιωσα το αγχωμένο, τρεμάμενο στομάχι μου να επανέρχεται στο φυσιολογικό.

La mamma mi ha spruzzato per lavarmi, poi abbiamo salito le scale fino al pianerottolo e siamo entrati attraverso la porta scorrevole.

Η μαμά με έπλυνε και μετά ανεβήκαμε τις σκάλες προς την βεράντα και μπήκαμε μέσα από τη συρόμενη πόρτα.

Dentro, mi sono sentito al sicuro, allora mi sono tolto le mutande. I miei fratelli ed io andammo velocemente, nudi, nelle nostre camere da letto e ci vestimmo di fresco.

Sono così felice di aver detto alla mamma come mi sentivo!

Μέσα, ένιωθα ασφαλής, οπότε έβγαλα το εσώρουχό μου. Τα αδέρφια μου κι εγώ τρέξαμε, γυμνοί, να πάμε στα δωμάτιά μας και να φορέσουμε καθαρά ρούχα.

Χαίρομαι πολύ που είπα στη μαμά πώς ένιωθα!

Informazioni sul libro: Richard è un ragazzo molto timido, sensibile e fantasioso. Non c'è niente di più imbarazzante per lui di essere visto nudo da una ragazza. La mamma capirà la sua situazione e lo aiuterà a uscire dalla situazione scomoda in cui si trova? Basato su una storia vera accaduta a Stormville, nello stato di New York, USA, intorno al 1979.

L'autore: Richard Carlson Jr. è un autore di libri bilingui per bambini. www.richardcarlson.com

L'illustratrice: Suzanne Carlson, artista dotata di un talento poliedrico, si diverte a creare un'ampia gamma di progetti. www.suzannecarlson.com